CATALOGUE

DE

TABLEAUX ANCIENS

DES ÉCOLES

FRANÇAISE, FLAMANDE, HOLLANDAISE, ITALIENNE & ESPAGNOLE

COMPOSANT LA

Collection d'un Amateur

DONT LA VENTE AURA LIEU

HOTEL DROUOT

SALLE N° 7

Les Vendredi 25 & Samedi 26 Mai 1866,

A UNE HEURE ET DEMIE

Me **DELBERGUE-CORMONT**, Commissaire-Priseur,
rue de Provence, 8,
Assisté de M. **DHIOS**, Expert, rue Le Peletier, 33,
Chez lesquels se distribue le Catalogue.

EXPOSITION PUBLIQUE

Le Jeudi 24 Mai 1866, de une heure à cinq heures.

PARIS

RENOU & MAULDE

IMPRIMEURS DE LA COMPAGNIE DES COMMISSAIRES-PRISEURS

Rue de Rivoli, 144.

1866

EXEMPLAIRE DE DHIOS

RENOU & MAULDE

IMPRIMEUR DE LA COMPAGNIE DES COMMISSAIRES-PRISEURS

Rue de Rivoli, 144.

CATALOGUE

DE

TABLEAUX ANCIENS

DES ÉCOLES

FRANÇAISE, FLAMANDE, HOLLANDAISE, ITALIENNE & ESPAGNOLE

COMPOSANT LA

Collection d'un Amateur

DONT LA VENTE AURA LIEU

HOTEL DROUOT

SALLE N° 7

Les Vendredi 25 & Samedi 26 Mai 1866,

A UNE HEURE ET DEMIE

M° **DELBERGUE-CORMONT**, Commissaire-Priseur,
rue de Provence, 8,
Assisté de M. **DHIOS**, Expert, rue Le Peletier, 33,
Chez lesquels se distribue le Catalogue.

EXPOSITION PUBLIQUE

Le Jeudi 24 Mai 1866, de une heure à cinq heures.

PARIS

RENOU & MAULDE

IMPRIMEURS DE LA COMPAGNIE DES COMMISSAIRES-PRISEURS

Rue de Rivoli, 144.

1866

CONDITIONS DE LA VENTE

Elle aura lieu expressément au comptant.

Les acquéreurs auront à payer CINQ CENTIMES par franc en sus des enchères.

DÉSIGNATION

DES

TABLEAUX

ALLEGRI (D'après ANTONIO), dit CORRÈGE

1 — Jupiter et Io. Copie dans la couleur de Prud'hon.

Toile. — H. 132 c. L. 81 c.

ALLORI DIT **BRONZINO** (Attribué à).

2 — Portrait présumé de Machiavel.

Panneau de cèdre.—H. 78 c. L. 60 c.

AMBERGER (CHRISTOPHE), d'après A. **DURER**

3 — Laïs Corinthiaca, 1536.

Bois. — H. 36 c. L. 27 c.

BARBIERI, DIT **GUERCHIN**

4 — Sainte Famille.

Toile. — H. 100 c. L. 90 c.

BONINGTON

5 — La Plage.

Toile. — H. 35 c. L. 49 c.

BONINGTON

6 — La Mort d'Hippolyte (esquisse).

Toile. — H. 28 c. L. 20 c.

7 — La Fête de Pan (esquisse).

Toile. — H. 28 c. L. 20 c.

BOUCHER (F.).

8 — La Nuit (esquisse pour un plafond.)

Signé à gauche, F. BOUCHER.

Toile. — H. 31 c. L. 45 c.

BOUCHER (École de FR.)

9 — Le Billet doux.

Pendant qu'une jeune femme lit une lettre attentivement, un Amour qu'elle tient dans ses bras lui pose sur le col une rose terminée par une pointe de flèche.

Bois. — H. 24 c. L. 22 c.

BOURDON (SÉBASTIEN)

10 — Descente de croix (esquisse du tableau qui est au Louvre).

Toile. — H. 44 c. L. 26 c.

11 — L'Ange et les Saintes Femmes au tombeau.

Toile. — H. 39 c. L. 48 c.

12 — Le Repos de la Sainte Famille.

Toile. — H. 39 c. L. 48 c.

BOURGUIGNON

13 — Combat de cavaliers autour d'un drapeau.

Toile. — H. 30 c. L. 50 c.

BREEMBERG (BARTHOLOMEO).

14 — Un Massacre dans les Catacombes.

Bois. — H. 21 c. L. 26 c.

BRILL (PAUL)

15 — Moïse sauvé des eaux.

Au fond d'un paysage boisé, et très-accidenté, on aperçoit un château gothique d'une riche architecture. Sur le premier plan, la fille de Pharaon, suivie d'une suite nombreuse, fait retirer du fleuve le berceau de l'enfant. Peinture d'une merveilleuse conservation.
Ancienne collection Viardot.

Ovale en travers. — Bois. — H. 35 c. L. 45 c.

BREUGHEL (LE VIEUX)

16 — Paysage.

Bois. — H. 18 c. L. 13 c.

CASANOVA

17 — Choc de cavaliers (Collection Casanova).

Ovale en travers. — Toile. — H. 37 c. L. 47 c.

CHARDIN (Signé)

18 — Portrait de femme.

Elle est coiffée d'un bonnet blanc à rubans bleus, vêtue de soie jaune. Signé en bas à droite, Chardin.

Toile. — H. 64 c. L. 53 c.

1

CHARDIN

19 — Portrait de jeune femme.

Elle est coiffée d'un bonnet à rubans roses, et tient à la main une rose ; larges dentelles aux manches.

Signé à droite dans le fond, S. Chardin, 1769.

Toile. — H. 81 c. L. 67 c.

D'APRÈS LE MÊME

20 — Cuisinière : la Pourvoyeuse. Signé Chardin.

Bois. — H. 18 c. 1/2. L. 13 c. 1/2.

21 — Cuisinière : la Récureuse. Signé Chardin

Bois. — H. 18 1/2. L. 13 c. 1/2.

CHAVANNES

22 — Paysage aux environs de Paris.

Bois. — H. 25 c. L. 47 c.

CRESPI

23 — Quarante petits portraits d'hommes et de femmes peints sur une même toile.

Toile. — H. 50 c. L. 65 c.

CUYP (Albert)

24 — Portrait d'une jeune femme.

Signé à droite, dans le fond, A. Cuyp.

Bois. — H. 40 c. L. 31 c.

DARTHOIS (J.).

25 — Paysage.

Un berger joue de la flûte assis sous un grand hêtre ; en arrière se déroule une vallée très-étendue, arrosée par une rivière ; des montagnes dans le fond.

Signé dans le coin à gauche, J. Darthois.

Bois. — H. 54 c. L. 73 c.

DAVID (L.)

26 — Cheval du premier Consul (étude d'après nature pour le tableau du Passage du Saint-Bernard).

Toile. — H. 65 c. L. 55 c.

27 — Portrait du cardinal Fesch (étude terminée pour le grand tableau du Sacre).

Toile. — H. 47 c. L. 38 c.

DECAMPS

28 — Portefaix turc.
Signé à gauche, D. C.

Toile. — H. 32 c. L. 24 c.

DELAROCHE (Attribué à PAUL)

29 — Cromwell (Étude pour le Cromwell ouvrant le cerceuil de Charles Ier).

Toile. — H. 100 c. L. 81 c.

DESPORTES

30 — Halte de chasse.

Des dames et des cavaliers viennent rejoindre un chasseur qui se repose sous de grands arbres, après une chasse heureuse.

Toile. — H. 82 c. L. 66 c.

DIÉPENBECK (ABRAHAM)

31 — Suzanne surprise par les vieillards.
Signé AB. DIÉPENBECK, année 1640.

Toile. — H. 134 c. L. 100 c.

DIÉTRICH

32 — Conversation dans un parc. Composition dans le goût de Watteau et de Lancret.

Bois. — H. 87 c. L. 102 c.

DIÉTRICH (Attribué à)

33 — Portrait de Galilée.

Toile. — H. 36 c. L. 25 c.

DIÉTRICH (Copie d'après)

34 — Le Violoniste ambulant.

Bois. — H. 24 c. L. 19 c.

DOMINIQUIN (École DU)

35 — Un Moine invoquant la Vierge entourée d'anges.

Toile. — H. 33 c. L. 33 c.

DUGHET, DIT POUSSIN (GUASPRE)

36 — Les Cascades de Tivoli.

Au dessous des cascades s'étendent des bois mystérieux et de belles eaux sur les bords desquelles on aperçoit des baigneurs, des promeneurs et des animaux qui se jouent.

Toile. — H. 98 c. L. 155 c.

FORINO

37 — Amour offrant des grenades à une femme.

Toile. — H. 65 c. L. 50 c.

38 — Femme attachée à un pilori.

Toile. — H. 65 c. L. 50 c.

FRAGONARD

39 — L'Arbre de Noël en Suisse (esquisse).

Toile. — H. 33 c. L. 38 c.

40 — Bacchante (esquisse).

Toile.

41 — Paysage ; temps orageux.

Toile. — H. 27 c. L. 35 c.

42 — Faune arrêtant une jeune fille qui porte des fleurs sur sa tête.

Ovale en hauteur. — Toile. — H. 83 c. L. 74 c.

43 — La Précaution (pastel sous verre).

H. 64 c. L. 53 c.

FRANCK

44 — Calvaire (quelques parties sont écaillées).

Bois. — H. 46 c. L. 38 c.

FRANCK (École de)

45 — L'Adoration des Rois.

Cuivre. — H. 22 c. L. 17 c.

46 — L'Adoration des Bergers.

Cuivre. — H. 22 c. L. 17 c.

GALLEGOS (Ferdinand)

47 — Buste de Christ (ancienne collection du cardinal Fesch. Vente de 1844).

Bois. — H. 62 c. L. 50 c.

GELÉE (Attribué à CLAUDE), dit LE LORRAIN

48 — Le Soir.

La Sainte Famille, entourée de petits anges, s'est arrêtée au pied d'une colonnade antique ; en arrière, on aperçoit les ruines d'une tour et d'un amphithéâtre. L'horizon est éclairé par les derniers feux du soleil couchant.

Toile. — H. 98 c. L. 123 c.

GÉRARD (Baron)

49 — Cheval de Henri IV (étude d'après nature pour le tableau du Louvre).

Toile. — H. 82 c. L. 57 c.

GÉRICAULT

50 — Un Moine grec. (Étude).

Toile. — H. 60 c. L. 80 c.

51 — Un Chien épagneul.

Toile. — H. 27 c. L. 36 c.

52 — Cheval à l'écurie.

Toile. — H. 39 c. L. 47 c.

53 — Le Chemin de l'abattoir.

Toile. — H. 36 c. L. 47 c.

54 — Portrait de Chollet, rôle de Dickson, dans la *Dame blanche* (1820).

Toile. — H. 27 c. L. 22 c.

GÉRICAULT (Attribué à)

55 — Le Chevalier de Saint-Georges.

Toile. — H. 31 1/2 c. L. 24 c.

GHIRLANDAJO (Manière de)

56 — L'Annonciation (deux panneaux sur cuivre, dans un
seul cadre). .

Signé G. dans le milieu de chaque panneau.

Hauteur de chaque panneau : 22 c. 1/2.
Largeur   —   : 18 c. 1 2.

GORTZIUS (Geldorp)

57 — Portrait d'Adriaan Paauw, d'Amsterdam.

On lit dans le fond à droite : Ætatis suæ, 51. Anno 1606.

Bois. — 64 c. — L. 52 c.

GREUZE

58 — Portrait de vieillard.

Signé à droite dans le fond, Greuze, 1799.

Toile. — H. 67 c. L. 50 c.

59 — Portrait du médecin Bouvard.

Toile. — H. 56 c. L. 48 c.

GREUZE (École de)

60 — Tête de jeune fille.

Toile. — H. 20 c. L. 17 c.

GREUZE (École de)

61 — Jeune Fille portant à la main une couronne de
roses.

Toile. — H. 66 c. L. 54 c.

HELMONT (Van)

62 — Intérieur d'une ferme. Composition contenant nombreuses figures.

Signé à gauche dans le bas, H. V. Helmont fecit.

Toile. — H. 60 c. 86 c.

HOLBEIN (École de)

63 — Portrait d'homme.

Bois. — H. 08 c. L. 07

64 — Portrait d'homme.

Bois. — H. 28 c. L. 23 c.

65 — Portrait d'homme.

Il est coiffé d'une toque de fourrure et tient à la main un œillet rouge.

Bois. — H. 26 c. L. 20 c.

HUET

66 — Portrait d'une petite chienne épagneule.

Signé dans le bas, J. B. Huet.

Toile. — 43 c. L. 46 c.

JORDAENS

67 — Silène et sa famille. (Esquisse.)

Bois. — H. 27 c. L. 38 c.

KAYSER (Th. de)

68 — Portrait d'une Flamande. Costume du xviie siècle.

Toile. — H. 84 c. L. 66 c.

KLOMP (Albert)

69 — Animaux au pâturage.

Signé à gauche, P. P., 1640.

KONINCK (Salomon)

70 — L'Usurier.

Bois. — H. 21 c. L. 17 c.

LAER (Pierre de)

71 — Le Maréchal-ferrant.

Toile.

LAFOSSE

72 — La Terre, le Feu et l'Eau ; allégorie.

Toile. — H. 39 c. L. 46 c.

LA HYRE (Laurent de)

73 — Prédication de saint Pierre.

Toile. — H. 62 c. L. 26 c.

LANCRET

74 — Nicaise, d'après le conte de La Fontaine.
Ce tableau à beaucoup souffert.

Bois. — H. 24 c. L. 33 c.

LANTARA (S.-M.)

75 — Une Chaumière dans un paysage, par un beau soleil d'été.

Toile. — H. 19 c. 1/2. L. 23 c. 112.

LARGILLIÈRE

76 — Portrait de Boileau.

Ovale en hauteur. — Bois. — H. 82 c. L. 66 c.

2

LARGILLIÈRE

77 — Portrait d'homme.

Toile. — H. 82 c. L. 66 c.

LEBRUN (Charles)

78 — Passage du Rhin par Louis XIV.

Au moment où Louis XIV, suivi par le prince de Condé, arrive sur le bord du fleuve, le Rhin paraît épouvanté, les naïades se réfugient dans les roseaux, les Germains reculent. — Les dieux de l'Olympe, du haut des airs, donnent une aide visible à l'armée de Louis XIV, que la Victoire vient couronner de lauriers.

Toile. — H. 50 c. L. 75 c.

Mme LEBRUN-VIGÉE

79 — Portrait de femme costumée en batelière.

Toile. — H. 81 c. L. 63 c.

LEFÈVRE (Claude)

80 — Portrait de Colbert, jeune.

Il tient à la main un médaillon qui paraît être celui de son protecteur Mazarin.

Toile. — H. 86 c. L. 69 c.

LEMOINE (J.-B.

81 — Pan et Syrinx.

Toile. — H. 29 c. L. 36 c.

LENAIN (Attribué à)

82 — La Présentation au temple.

Toile. — H. 128 c. L. 173 c.

LESUEUR (Attribué à)

83 — Martyre d'une femme. (Esquisse.)

Bois. — H. 65 c. L. 28 c.

LESUEUR (Ecole de)

84 — Martyre de saint Laurent.

Toile. — H. 33 c. L. 42 c.

LINGELBACH

85 — Promenade sur la plage.

Un jeune seigneur et une jeune dame se promenant sur une plage étendue, s'arrêtent pour causer avec des pêcheurs.

Signé à gauche, J. L.

Bois. — H. 35 c. L. 31 c.

MANGLARD

86 — Un Naufrage. — La Branche de salut.

Sous un ciel noir, battus par une mer furieuse, des naufragés accrochés aux flancs d'une barque qui sombre, s'efforcent d'atteindre les branches d'un arbre qui pendent d'un rocher.

Toile. — H. 58 c. L. 75 c.

MAZZUOLA, dit Parmesan

87 — La Visitation. (Esquisse.)

Bois. — H. 19 c. L. 16 c.

MICHEL

88 — Le Soleil dans les nuages après un orage. (Etude.)

Toile. — H. 38 c. L. 53 c.

MIÉRIS (D'après Guillaume)

89 — Le Trompette et l'Hôtelière. (Ancienne copie.)

Bois — H. 40 c. L. 32 c.

METZIS (Quentin)

90 — Cardinal écrivant dans son cabinet. Il a un lion couché à ses pieds.

Bois. — H. 65 c. L. 50 c.

METZIS (Attribué à Quentin)

91 — Un Cardinal méditant dans son cabinet.

Bois. — H. 12 c. L. 17 c.

MIGNARD (Pierre)

92 — Cérès ou la Moisson.

Cérès est assise au milieu d'un paysage, autour d'elle plusieurs enfants moissonnent. Au premier plan, l'un d'eux s'est endormi sur deux gerbes de blé.

Toile. — H. 78 c. L. 80 c.

93 — Deux Enfants en Amours; l'un d'eux tient le portrait de sa mère et l'autre le montre au spectateur.

Toile. — H. 91 c. L. 74 c.

MIGNARD (D'après)

94 — La Foi.

Toile. — H. 65 c. L. 84 c.

MIGNARD (Ecole de)

95 — Portrait de jeune femme.

Tolle. — H. 65 c. L. 54 c.

MORONE

96 — Portrait d'homme.

Au-dessus de la tête, on lit : Ambrosius Carminars. Ætatis suæ anno LVI.

Signé au bas à droite, Morone.

Toile. — H. 93 c. L. 73 c.

MURILLO

97 — Son Portrait.

Ancienne collection Thibaudeau, dont nous avons conservé l'attribution.

Toile. — H. 55 c. L. 45 c.

NATTIER

98 — Mme la comtesse de Caylus. Elle tient un bouquet de fleurs à la main.

Toile. — H. 74 c. L. 60 c.

99 — Mme la comtesse de Mérange. Elle est habillée à la persane.

Toile. — H. 74 c. L. 60 c.

100 — La Comédie.

Une jeune femme demi-nue tenant un masque d'une main, relève de l'autre un rideau qui laisse voir le péristyle d'un théâtre avec un acteur et une actrice.

Signé à gauche sur une colonne : Nattier, 1756.

Toile. — 81 c. L. 97 c.

101 — Le Jugement de Pâris.

Vénus, entièrement nue, reçoit la pomme des mains de *Pâris*, assis au milieu de son troupeau ; *Minerve* rajuste ses vêtements ; *Junon* est déjà remontée sur son char traîné par des paons. Iris, des nymphes et des amours voltigent dans le ciel ; des fleuves et des naïades regardent la scène du milieu des roseaux où ils sont couchés, et *Mercure* paraît écoute très-attentivement tout ce qui se passe.

Toile. — H. 74 c. L. 96 c.

OMMEGANCK

102 — Le Retour du pâturage.

Un berger ramène des moutons à la ferme par un beau soleil couchant.

Bois. — H. 37 c. L. 46 c.

OSTADE (Isaac)

103 — Intérieur de cabaret.

Des paysans goûtent du vin que leur apporte une femme pendant que l'un d'eux dort profondément.
Signé IV. Ostade.

Bois. — H. 25 c. L. 34 c.

OSTADE (Ecole de A.)

104 — Buveurs dans une tabagie. (Esquisse.)

Bois. — H. 14 c. L. 19 c.

PALME LE VIEUX

105 — Portrait d'un personnage vêtu d'un riche costume.

Toile. — H. 96 c. L. 70 c.

PALME LE VIEUX (Attribué à)

106 — Sainte Famille dans un paysage.

Toile. — H. 56 c. L. 71 c.

PANNINI

107 — Paysage.

Des curieux examinent un bas-relief antique au milieu de grandes ruines.

Toile. — H. 49 c. L. 67 c.

PANNINI (Ecole de)

108 — Saint-Paul hors les murs et les bords du Tibre par un temps d'orage.

Peinture sur papier entoilée. — H. 27 c. L. 42 c.

PARCELLIS (J.)

109 — Marine; vaisseau battu par la tempête.

(Signé J. P. sur la flamme du grand mât.

Bois. — H. 68 c. L. 86 c.

PETERS (Bonaventure)

110 — Un Naufrage.

Bois. — H. 56 c. L. 82 c.

PIPPI (Attribué à Giulio), dit Jules Romain

111 — Sac et Incendie d'une ville.

Peint sur bois et sur fond d'or.

H. 35 c. L. 96 c.

112 — Enlèvement d'Amphitrite par Neptune.

Bois. — H. 22 c. L. 16 c.

PORBUS (F.)

113 — Portrait de Maurice de Nassau, prince d'Orange; né en 1569, mort en 1625.

Collection de E. S. de S. conseiller de cour, médecin supérieur de Varsovie.

Bois. — H. 111 c. L. 82 c.

POUSSIN (École de)

114 — Jésus-Christ guérissant les aveugles.

Toile. — H. 46 c. L. 73 c.

LE PRIMATICE

115 — Le Repos de Vénus.

L'Amour vient embrasser Vénus qui se repose entre des vases de fleurs; trois nymphes et un faune s'empressent autour d'eux.

Toile. — H. 108 c. L. 123 c.

PRUD'HON (P.-P.)

116 — Narcisse.

Il se mire dans l'eau, et son chien, étonné de son attention, le regarde avec anxiété. (Esquisse.)

Toile. — H. 27 c. L. 22 c.

117 — La Chasteté de Joseph.

La femme de Putiphar cherche à attirer vers elle Joseph, qui la repousse en détournant les yeux.

Toile. — H. 20 c. L. 15 c.

118 — Projet pour une Assomption. (Esquisse.)

Composition de dix-sept figures, différant entièrement de celle qui est au Louvre.

Toile. — H. 55 c. L. 47 c.

PRUD'HON (Attribué à P. P.)

119 — Vénus et Adonis. Tableau non terminé.

Toile. — H. 136 c. L. 100 c.

PRUD'HON (D'après)

120 — La Soif de l'or.

Toile. — H. 65 c. L. 51 c.

REGNAULT (Baron)

121 — Tête de Léda.

Toile. — H. 41 c. L. 33 c.

REMBRANDT

122 — Portrait d'homme vêtu de noir et portant un grand chapeau.

Ancienne collection Veyer, de Cologne.

Bois. — H. 33 c. L. 26 c.

REMBRANDT (Copie d'après)

123 — Portrait de Rembrandt.

Toile. — H. 51 c. L. 39 c.

124 — Portrait de la femme de Rembrandt.

Toile. — H. 51 c. L. 39 c.

REMBRANDT (École de)

125 — Tobie et son père.

Tobie panse les yeux de son père au milieu de sa famille ; un ange qui l'assiste paraît le diriger dans son opération.

Bois. — H. 23 c. L. 19 c.

REYNOLDS (J.)

126 — Portrait du poète Still.

Toile. — H. 23 c. L. 18 c.

RIBEIRA (Ecole de)

127 — Tête de vieillard en méditation.

Toile. — H. 46 c. L. 57 c.

ROTHENNAMER ET BREUGHEL

128 — Diane découvrant la grossesse de Calisto.

Les artistes ont placé la scène sous des arbres touffus et gigantesques, arrosés par des eaux limpides, et y ont représenté des chiens d'espèces très-variées.

Bois. — H. 104 c. L. 133 c.

RUBENS (École de)

129 — Mariage mystique de sainte Catherine. (Esquisse très-ancienne.) La Vierge et sainte Catherine sont représentée par les deux femmes de Rubens.

Bois. — H. 105 c. L. 75 c.

RUYSDAEL (J.)

130 — Un Fauconnier, accompagné de plusieurs chiens, sort d'un bois; un seigneur à cheval le suit; dans la plaine le ciel, encore couvert des nuages de la nuit, commence à s'éclairer à l'horizon.

Ancienne collection Veyer, de Cologne, dont nous avons conservé l'attribution.

Bois. — H. 75 c. L. 61 c.

RUYSDAEL (Salomon)

131 — Paysage maritime.

Bois. — H. 24 c. L. 27 c.

SALVATOR ROSA

132 — La Croix du Carrefour.

Au pied de montagnes couvertes de neige, dans une plaine étendue, plusieurs chemins viennent aboutir à un carrefour où s'élèvent une petite chapelle et une croix de pierre au pied de laquelle se repose un pèlerin.

Toile. — H. 153 c. L. 236 c.

SALVATOR ROSA (Attribué à)

133 — Martyre de saint André, au pied de la statue de Jupiter.

Toile. — H. 92 c. L. 115 c.

134 — Bohémiens devant une madone.

Ovale en hauteur.—Toile. — H. 65 c. L. 54 c.

SASSO-FERRATO

135 — Buste de jeune fille.

Toile. — H. 39 c. L. 31 c.

STELLA

136 — Le Repos en Egypte.

Toile. — H. 50 c. L. 68 c.

137 — La Famille du Satyre.

La gravure du tableau, formant trompe-l'œil, est peinte sur la parti supérieure de la composition.

Toile. — H. 57 c. L. 47 c.

SUBLEYRAS (Attribué à)

138 — Le Dîner chez Simon le Pharisien.

Toile. — H. 38 c. L. 46 c.

TEMPESTA

139 — Un Passage dans les montagnes. Paysage.

Toile. — H. 38 c. L. 33 c.

TÉNIERS (David le Jeune) (attribué à)

140 — L'Office.

Un cuisinier de bonne maison vient de garnir de provisions le croc de son garde-manger.
Signé à droite, D. T.

Bois. — 26 c. L. 22 c.

TERBURG (G.)

141 — Le Liseur.

En avant d'un lit à rideaux épais, un jeune homme assis, près d'un bureau recouvert d'un velours vert à crépines d'or, paraît réfléchir ; il tient une lettre à la main. Un petit chien le regarde.

Toile. H. 64 c. L. 52 c.

TINTORET

142 — Amiral vénitien assis entre ses deux enfants.

Par une fenêtre on aperçoit un navire à l'ancre et Venise dans le lointain. L'un des enfants remet une lettre à son père.
Ancienne collection Aldobrandini.

Toile.—H. 121 c. L. 116 c.

TINTORET (Attribué à)

143 — Arrestation de Jésus-Christ.

Une troupe de soldats éclairée par des torches s'empare de J.-C.

Bois. — H. 72 c. — L. 59 c.

TITIEN (Ecole de)

144 — Mars et Vénus.

Toile. — H. 99 c. L. 163 c.

145 — La Fuite en Egypte.

La Vierge, montée sur un âne, tient son enfant dans ses bras, à côté d'eux est saint Joseph ; un ange les précède et les conduit vers un pont qu'ils vont traverser.

Toile. — H. 25 c. L. 51 c.

TITIEN (École de)

146 — Portrait d'Henry III.

Toile. — H. 50 c. L. 39 c.

TITIEN (D'après le)

147 — Alphonse d'Avallos et sa maîtresse.
Ancienne copie.

Toile. — H. 65 c. L. 80 c.

TINTORET (Ecole du)

148 — Esquisse pour le Paradis.

Toile. — 27 c. L. 58 c.

TOURNIÈRES (Robert)

149 — Portrait de femme.

Ovale en hauteur. —Bois. — H. 33 c. L. 28 c.

ULFT (Van der)

150 — Ruines et Château-fort près d'un port très-animé.

Bois. — H. 25 c. L. 19 c.

VALIN

151 — Buste de jeune fille nue.

Toile. —H. 27 c. L. 22 c.

152 — Satyre découvrant une nymphe endormie.

Bois. — H. 24 c. L. 32 c.

VANLOO (L.-M.)

153 — Portrait de M. de Marigny.

Toile. — H. 91 c. L. 72 c.

VÉLASQUEZ (École de)

154 — Fruits sur une table.

Toile. — H. 49 c. L. 74 c.

VENIUS (Otto)

155 — Suzanne au bain.

Bois. — H. 52 c. L. 67 c.

VÉRONÈSE (École de Paul)

156 — Des Evêques officiant.

Toile. — H. 46 c. L. 34 c.

157 — Alexandre et la famille de Darius. (Esquisse.)

Oblong en travers.—Bois. — H. 19 c. L. 77 c.

VERTANGHEN

158 — Diane découvrant la grossesse de Calisto.

Cuivre. — H. 17 c. L. 22 c.

VOLLEROT

159 — Paysage très-accidenté; rivière et montagnes. —
Signé : Vollerot, 1727.

Bois.— H. 35 c. L. 48 c.

VULFRAET (M.)

160 — Le Curieux.

Un homme déjà âgé examine avec une lampe une femme qui s'est endormie la gorge découverte dans un riche appartement. Composition dans le faire de Miéris.

Signé à droite, M. Vulfraët F.

Toile. — H. 40 c. L. 34 c.

WATTEAU

161 — Concert champêtre dans un parc ayant vue sur une belle campagne.

Ce tableau a malheureusement subi des retouches fâcheuses.

Toile. — H. 65 c. 85 c.

WATTEAU (Attribué à)

162 — Conversation sous un portique ouvert sur un parc.

Toile. — H. 83 c. L. 67 c.

WATTEAU (Genre de)

163 — Bacchus et l'Amour.

Ils trinquent ensemble dans un jardin, pendant qu'un jeune homme et une femme dansent à côté d'eux.

Toile. — H. 29 c. L. 21 c.

WOUWERMANS (Pieter)

164 — La Halte.

Un seigneur et une dame à cheval, portant un faucon au poing, sont arrêtés devant une auberge pour faire manger leur chevaux, au loin s'étend une riche campagne.

Signé à droite, P. W.

Bois. — H. 40 c. L. 53 c.

ÉCOLES DIVERSES

ÉCOLE ALLEMANDE

165 — Triptyque (xvɪᵉ siècle.)

Partie centrale : L'Adoration des Rois.

Bois. — H. 66 c. L. 45 c.

Volet de droite : La Vierge allaitant l'Enfant Jésus.

Bois. — H. 66 c. L. 19 c.

Volet de gauche : La Nativité.

Bois. — H. 66 c. L. 19 c.

166 — La Madeleine repentante (xvɪᵉ siècle).

Bois. — H. 77 c. L. 1 m. 36 c.

167 — La Vierge aux raisins (xvɪᵉ siècle).

Elle est couronnée de roses et tient l'Enfant Jésus sur ses genoux. Un ange lui offre des raisins et un autre ange lui présente un vase.

Bois. — H. 63 c. L. 49 c.

168 — Jésus au Jardin des Oliviers (xvɪɪᵉ siècle).

Bois. — H. 32 c. L. 23 c.

ÉCOLE ESPAGNOLE

169 — L'Annonciation.

Toile. — H. 47 c. L. 60 c.

170 — Un Moine en prières. (Esquisse.)

Toile. — H. 30 c. L. 26 c.

ÉCOLE ESPAGNOLE

171 — Portrait d'une jeune Infante.

Elle tient d'une main un perroquet et de l'autre un éventail en plumes; à ses pieds est un petit chien.

Toile. — H. 1 m. 06 c. L. 87 c.

172 — Un Musicien jouant de la mandoline.

Toile. — H. 80 c. L. 61 c.

173 — Intérieur de cuisine.

Dans une cuisine abondamment pourvue, une cuisinière s'occupe des apprêts d'un repas; auprès d'elle, un jeune garçon joue avec un poisson.

Toile. — H. 1 m. 07 c. L. 1 m 45 c.

ÉCOLE FLAMANDE

174 — La Vierge aux Cerises (XVIᵉ siècle).

La Vierge, assise en avant d'un portique richement sculpté, tient sur ses genoux l'Enfant qui joue avec des cerises. Dans le fond, on aperçoit une rivière, un château-fort et un paysage montagneux.

Bois. — H. 80 c. L. 62 c.

175 — Portrait d'homme en justaucorps (XVIIᵉ siècle).

Toile. — H. 61 c. L. 50 c.

176 — Vénus et l'Amour. (Esquisse, XVIIᵉ siècle).

Bois. — H. 27 c. L. 21 c.

177 — Paysage (XVIIᵉ siècle).

Bois — H. 26 c. L. 33 c.

178 — Allégorie de la Vie ; nature morte (XVIIIᵉ siècle).

Toile. — H. 45 c. L. 54 c.

ÉCOLE DE FONTAINEBLEAU

179 — La Mort d'Abel.

Bois. — H. 98 c. L. 1 m. 27 c.

ÉCOLE FRANÇAISE

180 — Portrait d'Adolphe, duc de Clèves (xvᵉ siècle).

Il est à genoux, vêtu d'un riche costume militaire et civil. Au-dessus de ses armoiries, on lit la légende suivante : ADOLP-DVC-CLE-

OA : 1448. 8 CAL.

Bois. — H. 51 c. L. 36.

181 — Portrait d'homme (daté 1573).

Bois. — H. 20 c. L. 15 c.

182 — Portrait de Marie Touchet (daté 1581).

Bois. — H. 36 c. L. 31 c.

183 — Scène du Déluge (xvıᵉ siècle).

Toile. — H. 73 c. L. 98 c.

184 — Hector de Pardaillan de Gondrin (xvıᵉ siècle).

Il est représenté cuirassé, monté sur un cheval noir. Au-dessus de sa tête, on lit les lignes suivantes :

HECTOR DE PARDALIAN DE GONDRIN MARQVIS DE MONTESPAN
CHEVALIER DES ORDRES DV ROY CAPITAINE DE CEANT HOMMES
DARMES DE SA MAJESTE VISE ROY DV ROYAVME DE NAVARRE.

Toile. — H. 61 c. L. 51 c.

185 — Portrait de saint Bernard (xvıᵉ siècle).

Bois. — H. 27 c. L. 21 c.

186 — Cristophorus Baltazar, de la Société de Jésus, assistant de la Gaule, mort à Rome en 1627.

Toile. — H. 55 c. L. 44 c.

ÉCOLE FRANÇAISE

187 — Tête de jeune fille (xviie siècle).

Toile. — H. 20 c. L. 15 c.

188 — Portrait d'homme (daté 1645).

Toile. — H. 60 c. L. 54 c.

189 — Tête de vieillard avec de grands cheveux (xviie siècle).

Ovale en hauteur. Toile. — H. 48 c. L. 39 c.

190 — Portrait d'une jeune femme.

Elle tient un œillet à la main (xviie siècle).

Toile. — H. 93 c. L. 76 c.

191 — Portrait de Louis XIV.

Il est en grand costume de guerre, tenant le bâton de commandement de la main droite; près de lui, sur une table, un casque fleurdelisé à panache blanc.

Toile. — H. 1 m 15 c. L. 89 c.

192 — Lapidation de saint Étienne (xviie siècle).

Toile. — H. 42 c. L. 27 c.

193 — Portrait du duc d'Orléans, régent (xviiie siècle).

Ovale en hauteur. Toile. — H. 74 c. L. 60 c.

194 — Portrait du prince de Condé (xviiie siècle).

Ovale en hauteur. Toile. — H. 73 c. L. 59 c.

195 — Portrait de femme. (Esquisse sur papier, xviiie siècle.)

H. 63. L. 52 c.

196 — Portrait de Mme de Julienne (xviiie siècle).

Ovale en hauteur. Toile — H. 57 c. L. 46 c.

ÉCOLE FRANÇAISE

197 — Bal champêtre (xviiie siècle).

Ce tableau était autrefois un dessus de clavecin qui a été découpé.

Bois. — H. 68 c. L. 95 c.

198 — Portrait de Mme de Graffigny (xviiie siècle).

Toile. — H. 91 c. L. 73 c.

199 — Sujet religieux (xviiie siècle).

Toile. — H. 40 c. L. 32 c.

200 — Portrait de femme en costume Pompadour (xviiie siècle).

Toile. — H. 80 c. L. 60 c.

201 — Des enfants jouant avec une chèvre dans un paysage.

Bois circulaire. — Diamètre, 20 c.

202 — Portrait d'une jeune femme poudrée, époque Louis XVI.

Ovale en hauteur. Toile. — H. 65 c. L. 54 c.

203 — Portrait présumé de la duchesse de Penthièvre à dix-huit ans environ. Lithographiée sous le titre de : Printemps et Frimas

Toile. — H. 39 c. L. 31 c.

204 — Portrait d'homme (époque du Directoire).

Toile. — H. 69 c. L. 59 c.

205 — Portrait de jeune fille (xixe siècle).

Toile. — H. 22 c. 1/2 L. 17 c. 1/2

206 — Groupes d'enfants et de muses (xixe siècle).

Fragments d'études pour un cortége triomphal.

Toile. — H. 37 c. L. 29 c.

ECOLE HOLLANDAISE

207 — L'Hiver.

De nombreux personnages se livrent à des amusements sur un étang glacé.

Bois. — H. 12 c. L. 17 c.

208 — Portrait de l'amiral Ruyter.

Bois. — H. 68 c. L. 57 c.

209 — Portrait en pied d'un personnage en riche costume.

On aperçoit une grande ville à l'horizon.

Bois. — H. 57 c. L. 24 c.

210 — Portrait d'homme.

Il est coiffé d'une calotte noire, porte moustaches, barbiche et col blanc rabattu; vêtu de noir. Sur une lettre qu'il tient dans la main droite, on lit : *Herren Conred Engels Cros.' In Lollen.* Dans l'angle supérieur, à droite, un ange porte un écusson composé, mi-partie d'or avec une rose et l'autre partie, de table à trois feuilles de houx. On lit encore au-dessus :

VIVIT.POST.FUNERA.VIRTVS.

ANNO.1648.ÆTATIS 80.

Bois. — H. 68 c. L. 57 c.

211 — Portrait de femme (daté 1643).

Toile. — H. 61 c. L. 48 c.

ÉCOLES D'ITALIE

ECOLE GOTHIQUE ITALIENNE

212 — La Vierge à l'Enfant, sur fond d'or.

La Vierge, assise, allaite l'Enfant Jésus; à gauche, à ses pieds, sont : sainte Catherine et un docteur; à droite, une sainte et un évêque.
Ancienne collection Artaud de Monlor.

Forme ogivale. Bois. — H. 89 c. L 50 c.

213 — Jésus au jardin des Oliviers.

Panneau de cèdre. — H. 1 m. 52 c. L. 1 m. 13 c.

214 — Descente de croix.

Panneau de cèdre. — H. 1 m. 52 c. L. 1 m. 13 c.

215 — Vierge au voile bleu (xvie siècle).

Toile. — H. 65 c. L. 55 c.

ÉCOLE ITALIENNE

216 — Portrait de Jacques-Annibal, comte de Altaemps (xvie siècle).

Il était neveu des rois Philippe IV et Philippe V, etc.

Toile. — H. 67 c. L. 53 c.

217 — La Trinité (xvie siècle).

Le Père Éternel soutient sur ses genoux le Christ mort; sur sa tête plane le Saint-Esprit; des anges les environnent.

Toile. — H. 44 c. L. 33 c.

ÉCOLE ITALIENNE

218 — Assomption de la Vierge (xvii° siècle).

La Vierge est enlevée par plusieurs petits petits anges. On aperçoit encore un coin de la terre.

Cuivre parqueté. — H. 21 c. L. 16 c.

219 — L'Assomption de la Vierge (xvii° siècle).

La Vierge, portée sur des nuages, regarde le ciel.

Bois. — H. 28 c. L. 22 c.

220 — Buste de saint Joseph (xvii° siècle).

Bois. — H. 48 c. L. 37 c.

221 — La Danse d'Hérodiade. (Esquisse, xvii° siècle.)

Toile. — H. 46 c. L. 38 c.

ÉCOLE BOLOGNAISE

222 — Le Père éternel entouré d'anges. (Esquisse pour un plafond, xvii° siècle.)

Ovale en travers. Toile. — H 55 c. L. 72 c.

ÉCOLE FLORENTINE

223 — Pierre de Médicis, en pied.

Il se promène dans un parc. Dans le fond, on aperçoit une riche campagne, une ville, des édifices en construction et des montagnes.

Toile. — H. 1 m. 97 c. L. 1 m. 12 c.

ÉCOLE DE PARME

224 — Une Source.

Une nymphe endormie contre un rocher est appuyée sur l'urne d'où l'eau d'une fontaine s'écoule vers la mer qui s'étend à l'horizon.

Toile. — 88 c. L. 1 m. 50 c.

ÉCOLE DE PARME

225 — Un Ange adorateur.

> Ovale. Bois transporté sur toile. — H. 82 c. L. 65 c.

ÉCOLE ROMAINE

226 — Combat des Amazones (xvɪᵉ siècle).
Peinture presque monochrome.

> Marbre blanc. — H. 53 c. L. 64 c.

227 — Danse des Muses (xvɪᵉ siècle).

> Bois. — H. 65 c. L. 92 c.

228 — Jésus marchant sur les eaux et relevant saint Pierre (xvɪᵉ siècle).

> Bois. — H. 53 c. L. 64 c.

229 — Judith.

Judith descend fièrement quelques degrés relevant sa robe de la main gauche; à ses pieds, la tête d'Holopherne (xvɪᵉ siècle).

> Toile. — H. 1 m. 24 c. L. 69 c.

ÉCOLE VÉNITIENNE

230 — Trois Saints et une Sainte portant des palmes et des lis (xvɪᵉ siècle).

> Toile. — H. 74 c. L. 98 c.

231 — Mariage mystique de sainte Catherine (xvɪᵉ siècle).

> Bois. — H.   L.

MINIATURES & PETITES PEINTURES
Par Divers Maîtres.

---

232 — Portrait de Henry III.

Ovale en hauteur avec cette légende :

ROY DE FRANCE ET DE POLOGNE.

Bois. — H. 14 c. L. 12 c.

233 — Portrait de Marie Stuart.

Ovale en hauteur avec cette légende :

ROYNE DESCOSSE DOVAIRIERE DE FRANCE.

Bois. — H. 14 c. L. 12 c.

234 — Portrait de femme ; elle a le col garni d'une immense collerette.

Ovale en hauteur. Carton. — H. 4 c. 1/2. L. 4 c.

235 — Portrait d'homme à mi-corps (XVIᵉ siècle).

Sur la gauche, on aperçoit un écusson d'azur avec une fleur de lis.

Ovale en hauteur. Cuivre. — H. 12 c. L. 10 c.

236 — Portrait de jeune homme.

Ovale en hauteur sur carte. — H. 6 c. L. 5 c.

237 — Portrait de jeune femme.

Ovale en hauteur sur carte. — H. 6 c. L. 5 c.

238 — Portrait de jeune homme.

Ovale en hauteur. Cuivre. — H. 5 c. L. 4 c.

239 — Portrait d'homme (xvII° siècle).

Ovale en hauteur. Cuivre. — H. 9 c. L. 7 c.

240 — Portrait du duc de Roquelaure.

Cuivre. — H. 6 c. 1/2. L. 4 c. 1/2 c.

241 — Un enfant coiffé d'une épaisse fourrure.

Cuivre. — H. 9 c. L. 7 c.

242 — Tabatière en écaille, avec un portrait de femme.

Diamètre 8 c.

243 — Vierge à l'enfant.

Ovale en hauteur. Cuivre. — H. 6 c. L. 4 c. 1/2.

244 — La Charité.

Bois circulaire. — Diamètre 9 c.

245 — Portrait de Louis XVII.

Miniature, circulaire. — Diamètre 5 c.

246 — Le dernier prince de Condé.

Miniature, ovale en hauteur. — H. 6 c. L. 5 c.

247 — Portrait d'homme (xvIII° siècle).

Miniature. — H. 4 c. L. 3 c. 1/2.

248 — Portrait du lieutenant Clauzel, depuis maréchal de France.

Miniature. — H. 6 c. L. 5 c.

249 — Portrait de femme (xvIII° siècle).

Miniature. — H. 7 c. L. 6 c.

250 — Latour d'Auvergne.

Miniature circulaire. — Diamètre 10 c.

251 — Tête de tigre, vue de face.

Ovale en travers. Carton. — H 8 c. L. 10 c.

DESSINS SOUS VERRE

CASTIGLIONE

252 — Des Pasteurs au désert. (Sépia.)

ÉCOLES DIVERSES

253 — Florentine. La Vierge à l'enfant. (Dessin à plusieurs crayons, XVIIe siècle.)

254 — Française. Paysage d'Arcadie. (Gouache.)

Signée à gauche, P. P.

H. 47 c. L. 54 c.

255 — De Parme. Apparition de la Vierge à saint Dominique. (Lavis chine, XVIIe siècle.)

256 — Romaine. Une Marche de personnages. (Étude. Sépia rehaussée de blanc, XVIe siècle.)

GÉRICAULT (Attribué à)

257 — Course de chevaux à Rome. (Au trait de mine de plomb.)

KAUFFMANN (Angelica)

258 — L'Amour fait tourner les cœurs. (Dessin au crayon noir.)

MOZIN

259 — Vue prise aux environs de Nice. (Aquarelle).

Provenant de la vente Mozin.

260 — Intérieur du port de la Rochelle. (Dessin rehaussé
de blanc.)

Provenant de la vente Mozin.

RUBENS (Attribué à)

261 — Tête de la Luxure, du tableau du Louvre. (Dessin aux trois crayons.)

TABLEAUX NON CATALOGUÉS

262 — Il sera vendu sous ce numéro, quelques Tableaux
non catalogués.

Cet article sera divisé.

263 — **Cadres anciens** en bois sculpté, de différentes
grandeurs, dont un cintré du haut pour un crucifix.

Cet article sera divisé.

Renou et Maulde, imprimeurs de la Compagnie des Commissaires-Priseurs,
rue de Rivoli, 144.   52776